Afirmaciones para el éxito

250 afirmaciones positivas para crear hábitos diarios poderosos y comenzar la mañana con una autoestima alta, ganar dinero y construir relaciones beneficiosas

© **Derechos de autor 2019**

Todos los derechos reservados. Este libro no puede ser reproducido de ninguna forma sin el permiso escrito del autor. Críticos pueden mencionar pasajes breves durante las revisiones.

Descargo: Esta publicación no puede ser reproducida ni transmitida de ninguna manera por ningún medio, mecánico o electrónico, incluyendo fotocopiado o grabación, o por cualquier sistema de almacenamiento o recuperación, o compartido por correo electrónico sin el permiso escrito del editor.

Aunque se han realizado todos los intentos por verificar la información proporcionada en esta publicación, ni el autor ni el editor asumen responsabilidades por errores, omisiones o interpretaciones contrarias con respecto al tema tratado aquí.

Este libro es solo para fines de entretenimiento. Las opiniones expresadas son solo del autor y no deben tomarse como instrucciones de expertos. El lector es responsable de sus propias acciones.

La adherencia a todas las leyes y normativas aplicables, incluidas las leyes internacionales, federales, estatales y locales que rigen las licencias profesionales, las prácticas comerciales, la publicidad y todos los demás aspectos de la actividad comercial en EE. UU., Canadá, Reino Unido o cualquier otra jurisdicción es responsabilidad exclusiva del comprador o lector

Ni el autor ni el editor asumen responsabilidad alguna en nombre del comprador o lector de estos materiales. Cualquier parecido con cualquier individuo u organización es pura coincidencia.

Contents

INTRODUCCIÓN 1

CAPÍTULO UNO: EL USO DEL PODER DE LAS AFIRMACIONES PARA AUMENTAR SU EFECTIVIDAD 4

    1. Mantener las afirmaciones en el presente 4

    2. Sea preciso 5

    3. Las afirmaciones no deben tener palabras o frases negativas 5

    4. Recítatelas varias veces 6

    5. Una sola palabra puede intensificar el significado 7

CAPÍTULO DOS: AFIRMACIONES PARA LA CONFIANZA EN SÍ MISMO 8

CAPÍTULO TRES: AFIRMACIONES PARA EL ÉXITO 12

CAPÍTULO CUATRO: AFIRMACIONES PARA LA RIQUEZA, LA PROSPERIDAD Y LA ABUNDANCIA 17

CAPÍTULO CINCO: AFIRMACIONES PARA RELACIONES BENEFICIOSAS 23

CONCLUSIÓN 27

Introducción

Las afirmaciones son declaraciones positivas, inspiradoras y motivadoras que se pueden decir en voz alta o en silencio. Al repetir estas declaraciones, usted las afirma alto y claro en su mente subconsciente para influir en sus acciones.

Digamos que usted tiene una importante entrevista de trabajo. Continúe afirmándose a sí mismo que tendrá "una entrevista maravillosa". La mente subconsciente cree que esto es cierto porque no puede distinguir entre lo que usted desea y su realidad. Cuando la mente subconsciente cree que esta afirmación es cierta, dirige todas sus acciones hacia una entrevista de trabajo increíble, lo que le ayuda a superar la entrevista con un gran éxito.

Nuestra mente subconsciente tiene el poder de transformar nuestra realidad. Al repetir declaraciones positivas una y otra vez, las incorporamos en nuestro subconsciente que actúa sobre ellas para crear la realidad que deseamos.

Las afirmaciones son para su mente lo que el ejercicio físico es para su cuerpo. La repetición continua de estas afirmaciones positivas ayuda a reprogramar nuestra mente subconsciente para el éxito. Ayuda a eliminar las creencias limitadas impuestas por nosotros mismos y los sentimientos negativos para transformar a una persona de sus pensamientos limitados y pensamientos mediocres.

El poder de la afirmación otorga infinitas posibilidades a su realidad. "No puedo" se convierte en "definitivamente puedo", y la confianza en sí mismo renovada reemplaza sus temores e inseguridades. Las afirmaciones son recordatorios para que su mente subconsciente se mantenga bien encaminada. Le mantienen enfocado en sus objetivos y le ayudan a encontrar soluciones efectivas para obstáculos y desafíos en el camino.

Sus pensamientos tienen una frecuencia poderosa que tiene el potencial de crear su realidad. Las afirmaciones crean vibraciones más fuertes para la alegría, el éxito, el amor, la salud y el aprecio. A través de la ley de atracción, estas declaraciones positivas atraen a personas, oportunidades y cosas para ayudarlo a lograr sus deseos más íntimos. Consciente o inconscientemente, utilizamos afirmaciones. Sin embargo, es probable que no lo estemos haciendo bien, lo que significa que no estamos atrayendo lo que queremos traer a nuestras vidas. Al hablar o pensar constantemente sobre cosas que no queremos, ¡solo creamos más de ellas!

Recitar afirmaciones diariamente interrumpe y reemplaza nuestros pensamientos, ideas y creencias negativas. Para lograr esto, debe inundar continuamente la mente subconsciente con imágenes de la nueva realidad que desea crear.

Lo más importante que debe preguntarse es si realmente desea lo que está afirmando. Las dudas e incertidumbres se interpondrán entre usted y sus metas. Además, debe creer que realmente merece lo que quiere lograr. Si su creencia pierde poder, las afirmaciones pueden fallar. La razón por la que las personas no pueden obtener resultados es porque no creen en sus objetivos o no creen que merecen alcanzar estos objetivos.

Afirme con completa fe, amor, pasión e interés. Cree y actúe como si su deseo ya se hubiese cumplido. Estos pensamientos positivos aceleran su pensamiento hacia el cumplimiento de la meta de forma más rápida y efectiva. Por supuesto, cuando sus circunstancias actuales y sus metas están muy alejadas, es natural tener pensamientos negativos. Sin embargo, la perseverancia es la clave.

Capítulo uno: El uso del poder de las afirmaciones para aumentar su efectividad

1. Mantener las afirmaciones en el presente

Una de las reglas más importantes de las afirmaciones es mantenerlas en el presente. Mantener sus afirmaciones en el presente asegura que la mente subconsciente trabaje sobre ellas como si ya estuvieran sucediendo, por lo tanto, mantenga sus acciones en línea con estos pensamientos poderosos y positivos. Si usted contempla que algo está en el futuro, reforzará la falta de ello en su vida, lo que dificulta su obtención.

Cuando usted cree que ya tiene lo que quiere, las afirmaciones envían señales poderosas a su subconsciente para influir en su comportamiento hacia el logro de la meta. Recitar sus afirmaciones en el presente le ayuda a crear las visualizaciones, pensamientos y sentimientos necesarios en línea con la meta deseada. Las frases "lo haré" y "yo soy" impactarán sus frecuencias de pensamiento de diferentes maneras. Recuerde esta poderosa cita: "Conocer y sentir sus deseos debe preceder a su cumplimiento". Primero debe internalizar y creer que ya tiene lo que desea tener.

2. Sea preciso

Las afirmaciones deben ser claras, específicas e inequívocas. Debe enfocarse en un solo objetivo a la vez para aumentar su eficacia. Centrarse en lograr varios objetivos con una sola declaración puede terminar enviando señales confusas al subconsciente. Puede usar múltiples afirmaciones para lograr varios objetivos por separado, pero mantenga un solo objetivo por afirmación. Aumente sus posibilidades de lograr sus objetivos manteniéndolos específicos y detallados. Explique explícitamente todos los beneficios de lograr sus metas.

Su subconsciente debe tener una imagen clara del trabajo por hacer. Las imágenes ambiguas no le dan a su mente un marco adecuado para operar, lo que puede guiar sus acciones en la dirección equivocada.

Por ejemplo, si desea aumentar las ganancias de su negocio, indique cuánto quiere aumentarlas. Las ganancias pueden aumentar en un 50%. ¿Eso le gustaría? Sea preciso si quiere resultados. Afirme el porcentaje exacto en el que desea que sus ganancias aumenten durante el año. Las metas y afirmaciones deben ser específicas para llevar a casa los resultados requeridos.

3. Las afirmaciones no deben tener palabras o frases negativas

Otra regla al recitar o escribir afirmaciones es apegarse a palabras o frases positivas. Usted debe evitar la palabra "no" simplemente porque la mente subconsciente no puede procesar frases y palabras negativas. El subconsciente eliminará las palabras negativas y hará lo contrario de lo que usted quiere.

Por ejemplo, si dice: "No me falta la abundancia", el subconsciente elimina el "no" y lo que queda es "me falta la abundancia", y esto es exactamente lo contrario de lo que usted pretende lograr. Evite palabras como: no, nunca, no puedo y no lo haré, en sus afirmaciones. Concéntrese en lo que quiere lograr y obtener.

Nuestros pensamientos y palabras tienen una relación directa con las visualizaciones creadas dentro del subconsciente. Cuando dirigimos nuestras palabras o acciones hacia lo que buscamos eliminar, estas visualizaciones ganan más prominencia. Entonces, cuando enfatizamos lo que no queremos, establecemos una influencia en nuestra mente subconsciente para que se centre en lo que no queremos. Recuerde, sus imágenes mentales se convierten en la conversación interna de su mente. Concéntrese en lo que desea crear y deje que el subconsciente influya en sus acciones de manera positiva.

Por ejemplo, en lugar de hablar sobre cuántas libras desea perder para adelgazar, hable sobre cuál es su peso ideal. La forma adecuada de hacerlo es enfatizar lo que quiere lograr y no lo que desea eliminar de su vida. Además, evite usar frases de deseo como "me gustaría" o "lo deseo", ya que solo enfatizan lo que le falta en su vida. Si usted sigue enfatizando la ausencia de algo en su vida, solo atraerá más esa ausencia. Por lo tanto, afirme solo acciones positivas y estados de existencia.

4. Recítatelas varias veces

Las afirmaciones tienen el poder de reprogramar su subconsciente solo cuando se repiten varias veces. Deben decirse un mínimo de 20 veces al día. Continúe con la práctica hasta que la mente esté lista para aceptar estas afirmaciones como verdades. Una vez que la mente acepta estas afirmaciones como realidad, las repeticiones solo continúan reforzando el mensaje en su mente. Haga de las afirmaciones un hábito de por vida.

Cuando repite las afirmaciones varias veces en su mente, comienzan a ser una realidad. Se hacen realidad porque su creencia en ellas se hace más fuerte. Asegúrese de que sus afirmaciones sean positivas, genuinas, audaces y claras.

5. Una sola palabra puede intensificar el significado

Sus afirmaciones se pueden intensificar sin esfuerzo simplemente con el uso de una sola palabra. Hay una gran diferencia entre: "Estoy ganando un millón de dólares cada mes" y "Estoy ganando fácilmente un millón de dólares cada mes".

Observe cómo la palabra "fácilmente" presta a la afirmación una sensación de esfuerzo y calma para aumentar su frecuencia emocional positiva. Actúe para complementar la afirmación. Cada vez que usted se sienta desconectado de la afirmación, intente redactarla de manera un poco diferente. Las afirmaciones pueden llevar un tiempo para que funcionen. Sin embargo, una vez que comienza el proceso, los resultados se pueden ver casi de inmediato. Puede parecer un gran esfuerzo inicialmente sin ningún resultado. Sin embargo, una vez que lo haga un hábito, ¡funciona de maravilla!

Capítulo dos: Afirmaciones para la confianza en sí mismo

1. Yo merezco ser feliz, realizado y exitoso.

2. Yo tengo el poder y el potencial para cambiarme a mí mismo.

3. Yo puedo tomar mis propias decisiones y elecciones.

4. Yo soy libre de tomar mis propias decisiones y elecciones.

5. Yo puedo elegir vivir como quiero mientras le doy prioridad a mis deseos, metas y sueños.

6. Yo elijo la felicidad cada vez que quiero, independientemente de las circunstancias.

7. Yo soy abierto, adaptable y flexible para cambiar en cada esfera de mi vida.

8. Yo actúo desde una posición de confianza, seguridad en mí mismo y alta autoestima cada día de mi vida.

9. Yo siempre hago mi mejor esfuerzo.

10. Yo merezco el amor que recibo.

11. Me gusta conocer extraños y acercarme a ellos con entusiasmo, interés y audacia.

12. Yo soy creativo, perseverante y autosuficiente en todo lo que hago.

13. Aprecio el cambio y me adapto rápidamente a nuevas circunstancias.

14. Siempre observo lo positivo en los demás.

15. Yo soy único. Me siento maravilloso por estar vivo, de ser feliz y de ser yo.

16. La vida es gratificante, divertida y agradable.

17. Hay muchas oportunidades increíbles para mí en todos los aspectos de la vida.

18. Mi vida está llena de oportunidades en todas partes.

19. Los desafíos siempre sacan lo mejor de mí.

20. Reemplazo "debo", "debería" y "tengo que" con "elijo" y noto la diferencia.

21. Yo elijo estar en un estado de felicidad en este momento. Yo disfruto mi vida.

22. Aprecio todo lo que está sucediendo en mi vida ahora. Realmente amo mi vida.

23. Yo vivo en un lugar de alegría.

24. Yo soy valiente, audaz y sin miedo.

25. Yo soy positivo, optimista y siempre creo que las cosas saldrán mejor.

26. Es fácil para mí hacer amigos, ya que atraigo a personas positivas, compasivas y amables a mi vida.

27. Yo soy un creador poderoso porque hago la vida que deseo.

28. Estoy bien porque me amo y me acepto como soy.

29. Yo confío completamente en mí mismo, y soy una persona segura.

30. Tengo éxito en mi vida en este momento.

31. Yo soy apasionado, entusiasta e inspirador.

32. Tengo paz, serenidad, calma y positividad.

33. Yo soy optimista de que todo saldrá bien para mejor.

34. Yo tengo recursos ilimitados, poder, confianza y positividad a mi disposición.

35. Yo soy amable, cariñoso y compasivo, y me preocupo por los demás.

36. Yo soy persistente, perseverante y enfocado. Yo nunca renuncio.

37. La autoconfianza es mi segunda piel. Soy enérgico, apasionado y entusiasta.

38. Yo trato a todos con amabilidad, compasión y respeto.

39. Inhalo confianza en mí mismo y exhalo dudas.

40. Yo soy flexible y me adapto para cambiar al instante.

41. Yo poseo infinitas reservas de integridad. Soy fiable y hago exactamente lo que digo que haré.

42. Yo soy astuto e inteligente.

43. Yo soy competente y capaz.

44. Yo creo completamente en mí mismo.

45. Reconozco e identifico todas las buenas cualidades que poseo.

46. Yo soy fabuloso, glorioso y asombroso. No hay nadie más como yo.

47. Siempre veo lo mejor en todos los que me rodean.

48. Rodeo mi vida con personas que sacan lo mejor de mí.

49. Libero los pensamientos y sentimientos negativos que tengo sobre mí mismo.

50. Yo amo a la persona en que me convierto cada día.

51. Siempre estoy creciendo, cuidando y desarrollando.

52. Mis opiniones coinciden con lo que realmente soy.

53. Merezco toda la felicidad y el éxito en el mundo.

54. Yo poseo el poder de cambiarme a mí mismo.

55. Yo soy competente para tomar mis propias decisiones.

56. Tengo total libertad para elegir vivir como deseo y dar prioridad a mis voluntades y deseos.

57. Yo elijo la felicidad cada día, independientemente de mis circunstancias externas.

58. Yo puedo decir con confianza lo que pienso.

59. Tengo respeto por los demás, lo que hace que a los demás les guste y me respeten.

60. Mis pensamientos, opiniones y acciones son invaluables.

61. Yo confío en que puedo lograr todo lo que quiero hoy y todos los días.

62. Yo tengo algo maravilloso y especial que ofrecer al mundo.

63. La gente me ama, me admira y me respeta.

64. Yo soy una persona increíble que se siente muy bien conmigo misma y con mi vida maravillosa.

65. Yo estoy haciendo mi mejor esfuerzo con la experiencia, las habilidades y el conocimiento que tengo.

66. Sentirme bien conmigo mismo es una segunda naturaleza para mí.

67. Tengo dedicación, disciplina y buenos hábitos.

68. Siempre cumplo mis promesas, lo que hace que las personas me amen y me respeten.

69. Yo me trato a mí mismo con amabilidad y compasión.

Capítulo tres: Afirmaciones para el éxito

70. Yo tengo el poder, el potencial y la capacidad para crear toda la prosperidad, el éxito y la abundancia que deseo.

71. Mi mente está completamente libre de resistencia y está abierta a nuevas, emocionantes y maravillosas posibilidades.

72. Yo merezco ser exitoso y soy digno de recibir todo lo bueno que la vida tiene para ofrecerme.

73. Yo estoy agradecido por todos los talentos, habilidades y destrezas que contribuyen a mi éxito.

74. El universo está lleno de oportunidades y posibilidades ilimitadas para mi carrera.

75. Yo soy de mente abierta y con ganas de explorar nuevas vías y posibilidades de éxito.

76. Yo reconozco cada oportunidad que toca en mi puerta y la aprovecho de inmediato.

77. Cada día descubro nuevos caminos emocionantes, prometedores e interesantes para viajar.

78. Veo y experimento la prosperidad dondequiera que miro.

79. Yo amo mi trabajo. Es beneficioso, satisfactorio, gratificante y es una parte de mi viaje hacia un éxito más grande.

80. Mi ambición está en perfecta armonía con mis valores personales y profesionales.

81. Trabajo con personas inspiradoras, apasionadas, entusiastas y fascinantes que comparten mi entusiasmo por el trabajo y el éxito.

82. Al crear el éxito para mí, también estoy creando oportunidades para el éxito de los demás.

83. Me siento poderoso, positivo, confiado y tranquilo al enfrentar nuevos desafíos.

84. Yo atraigo a personas exitosas y poderosas que me motivan, comprenden e inspiran.

85. Celebro cada meta que logro con felicidad y agradecimiento.

86. Cuanto más éxito tengo, más seguro y poderoso me siento.

87. Siempre atraigo las circunstancias perfectas en el momento perfecto. Estoy en el lugar correcto en el momento adecuado.

88. Yo estoy agradecido por todo el éxito que fluye en mi vida.

89. Yo confío totalmente en mi intuición para guiarme hacia la toma de decisiones inteligentes y sabias.

90. Me mantengo enfocado en mi visión y sigo mi trabajo diario con entusiasmo y pasión.

91. Cada día está lleno de nuevas posibilidades, ideas y caminos que me inspiran.

92. El éxito me llega fácil y sin esfuerzo porque me doy cuenta de todo lo que hago.

93. Me enorgullece totalmente mi capacidad para hacer valiosas contribuciones al mundo que me rodea.

94. Siempre espero resultados positivos, y como resultado, los atraigo naturalmente.

95. Tengo la fortuna de atraer mentores brillantes y poderosos que comparten generosamente sus conocimientos, sabiduría e ideas conmigo.

96. Al permitir la abundancia y el éxito en mi vida, se me abren aún más puertas para el éxito y la oportunidad.

97. Puse estándares muy altos para mí y siempre los cumplí.

98. Tengo un suministro inagotable de ideas nuevas y brillantes que me ayudan a tener más éxito con cada día que pasa.

99. Estoy creando constantemente una vida de felicidad, éxito y abundancia.

100. Amo a la persona que soy e invariablemente atraigo a las personas que me admiran y me respetan como personas únicas.

101. Estoy haciendo que el planeta sea un mejor lugar para vivir al ser una influencia poderosa, inspiradora y positiva.

102. Yo pienso y sueño en grande, lo que siempre me trae éxito.

103. Cada día me visto para el éxito, la abundancia y la prosperidad en mente, cuerpo y espíritu.

104. Yo estoy realmente agradecido por mi éxito, abundancia y prosperidad financiera.

105. Yo soy entusiasta y apasionado por ser más exitoso.

106. El universo siempre me ayuda de alguna manera a lograr mis metas y deseos.

107. Mis sueños se manifiestan ante mis ojos.

108. La riqueza del universo está circulando para siempre en mi vida y fluye hacia mí en avalanchas de éxito y prosperidad.

109. Yo soy ambicioso, impulsivo, inspirado y motivado por mis metas de cada día.

110. Yo tengo el poder de levantarme a mí mismo y a mi espíritu cuando lo deseo.

111. Me resulta fácil y sin esfuerzo ser optimista.

112. El éxito viene a mí de forma natural y sin esfuerzo en todas las áreas de mi vida.

113. Mis afirmaciones de felicidad, prosperidad y éxito siempre me dan resultados.

114. Mi éxito impulsa y motiva a otras personas.

115. Yo soy decisivo en mis acciones que conducen a un mayor éxito, felicidad y prosperidad.

116. Es fácil para mí lograr todas mis metas.

117. El universo es mi amigo y me ayuda a lograr todos mis deseos, sueños y metas con facilidad.

118. Mi éxito hace que otras personas se sientan atraídas hacia mí.

119. Siempre estoy mejorando todos los aspectos de mi vida.

120. Yo tengo el deseo y la fuerza de voluntad para escalar grandes alturas de éxito.

121. Me ofrezco de todo corazón al universo, y me llena de recompensas y éxitos ilimitados.

122. Mi visión crea el éxito que me rodea.

123. La felicidad, la alegría, el éxito y la prosperidad son una segunda naturaleza para mí.

124. Lograr mis metas es muy fácil y sin esfuerzo.

125. Yo estoy mejorando continuamente todas las áreas de mi vida.

126. Yo estoy donde deseo estar ahora.

127. Mi vida es un viaje increíblemente asombroso, emocionante y maravilloso.

128. Mis creencias y mis pensamientos crean mi realidad, y soy el amo de mis pensamientos.

129. Yo tengo el poder de crear mi vida exactamente como la deseo.

130. Todo lo que deseo, necesito y quiero profundamente ya está ahí afuera esperando que yo vaya a buscarlo.

131. Yo estoy lleno de energía positiva infinita, pensamientos positivos y acciones positivas.

132. Yo estoy destinado al éxito y la grandeza.

133. Hoy y todos los días, doy varios pasos hacia el cumplimiento de mis metas.

134. Mi mente, mi energía positiva, mi tenacidad y mi capacidad pueden mover montañas.

135. Me siento renovado, decidido, motivado y emocionado de superarme hoy y cada día.

136. Mis pensamientos, ideas y creencias son las semillas de mí éxito.

Capítulo cuatro: Afirmaciones para la riqueza, la prosperidad y la abundancia

137. Mis acciones crean riqueza, abundancia, seguridad y prosperidad consistentes.

138. Estoy completamente alineado con la energía del dinero, la riqueza y la abundancia.

139. Estoy abierto, receptivo y acepto todas las riquezas que el universo tiene para ofrecerme.

140. Siempre me son atraídas inimaginables riquezas y abundancia.

141. Siempre me permito bañarme en abundancia financiera y la comparto generosamente.

142. El dinero y las riquezas fluyen a través de mí como las olas del océano sin fin.

143. Yo siempre estoy pensando en el dinero, la riqueza, la prosperidad y la abundancia.

144. Soy un empresario rico y millonario que vive una vida de ensueño bajo mis propios términos.

145. Yo irradio el aura de la riqueza, la prosperidad, y la abundancia.

146. Mis riquezas siempre están creciendo a medida que me ofrezco más para servir al mundo.

147. Yo soy económicamente próspero y el dinero me llega de manera natural y abundante.

148. Me dejo bañar en prosperidad, abundancia, riqueza y éxito financiero.

149. Las riquezas siempre encuentran su camino hacia mí, y siguen viniendo.

150. El dinero es maravilloso. Amo y adoro el dinero.

151. Tengo todo el dinero y los recursos materiales del mundo para proporcionarme todo lo que deseo.

152. Cada día, más y más dinero es atraído hacia mí a la velocidad de la luz.

153. Ganar dinero a través de múltiples fuentes se me da bien y sin esfuerzo.

154. El dinero es una energía que fluye libremente y que, de manera natural y sin esfuerzo, entra en mi vida continuamente.

155. Mis energías están alineadas para recibir dinero, abundancia y prosperidad del universo.

156. No hay límite a la cantidad de riqueza, prosperidad, dinero y abundancia que soy capaz de hacer.

157. Yo soy muy rico, próspero y millonario. El dinero fluye hacia mí desde todas las direcciones.

158. Yo persigo todos mis sueños para obtener riqueza y disfruto de todo lo que deseo en la vida.

159. Yo estoy agradecido por el dinero, la abundancia y la riqueza que entra en mi vida todo el tiempo.

160. Invierto el 100% de mi energía en grandes negocios que me hacen ganar mucho dinero.

161 Cuando recibo una gran riqueza, me doy cuenta de que es un resultado directo del servicio que doy a otras personas.

162. Yo me siento satisfecho, bendecido y feliz de poder proporcionar generosamente a mis seres queridos.

163. No hay límite para la cantidad de riqueza, activos y dinero que puedo poseer.

164. Estoy agradecido de tener más dinero, riqueza, prosperidad y abundancia de lo que nunca imaginé.

165. Estoy feliz, bendecido y agradecido porque siempre tengo más que suficiente de todo lo que deseo y necesito.

166. Siento una profunda gratitud hacia la divina providencia por el magnífico flujo de gran e infinita abundancia en cada aspecto de mi vida.

167. Yo soy profundamente próspero y estoy agradecido por todo lo que el universo tiene para ofrecerme.

168. Atraigo a la prosperidad y la abundancia continuamente y, a su vez, ellas me atraen a mí.

169. Yo estoy extremadamente feliz ahora, porque cosas positivas y sorprendentes continúan sucediendo en mi vida.

170. Yo tengo un corazón muy agradecido que sigue atrayendo todo lo que deseo hacia mí.

171. Me doy cuenta de que merezco ser totalmente próspero, rico y millonario en todo lo que hago.

172. Mi gratitud aumenta con cada cosa buena que entra en mi vida como una bendición del universo.

173. El mundo es realmente un lugar maravilloso para vivir, y estoy disfrutando de mi viaje positivo y entusiasta aquí.

174. Yo siempre estoy rodeado de alegría, felicidad y amor donde quiera que vaya.

175. Yo soy un ser creativo, innovador, inspirador y próspero.

176. Yo sigo creando nuevos y maravillosos hábitos positivos que me acercan a mis metas y me ayudan a crear riqueza y prosperidad.

177. Comienzo cada día con un profundo sentido de gratitud, energía positiva, emoción y alegría por toda la abundancia que me espera.

178. Yo estoy muy feliz porque tengo todo lo que quiero. Me amo a mí y amo a todos a mí alrededor.

179. Yo estoy en un estado constante de alegría, prosperidad, abundancia y realización. Soy libre de hacer lo que deseo.

180. Tengo recursos ilimitados e inagotables para disfrutar la vida de mis sueños y deseos.

181. Mi trabajo es un asunto avasallador que me ayuda a atraer todo lo que necesito y quiero.

182. Estoy eternamente agradecido al universo por la riqueza, la prosperidad y la abundancia en mi vida.

183. Yo soy parte del universo infinito, donde estoy profundamente conectado con todo lo que necesito, ahora y en el futuro.

184. Yo soy invaluable para otras personas, y ellos son invaluables para mí. Soy un ser de ideas creativas, acciones y pensamientos ilimitados.

185. Hay más que suficiente riqueza y abundancia para todos. Hay abundancia, riqueza, dinero y prosperidad donde quiera que vaya.

186. Ser rico y millonario es mi primogenitura. Yo merezco ser rico, ya que es parte de mi identidad. Rico es lo que soy.

187. Bendigo a todas las personas prósperas, abundantes, ricas y millonarias. Bendigo sus riquezas y les envío un gran amor.

188. Soy un hijo de Dios, el universo y el ser superior. Puedo tener todo lo que veo a mi alrededor.

189. Cada día me vuelvo más rico a través de múltiples fuentes de riqueza.

190. El dinero es genial porque lo uso para cosas maravillosas. Uso la riqueza para el bien para todos.

191. El dinero es energía que se crea en la mente. El dinero está en mi mente. Mi mente y mis pensamientos crean dinero para mí continuamente, día tras día.

192. Yo merezco tener mucho dinero. Atraigo grandes cantidades de dinero todo el tiempo donde quiera que vaya.

193. Ser rico, millonario y próspero me da el poder de tocar las vidas de innumerables personas y marcar una gran diferencia en sus vidas. El dinero y la abundancia me permiten ayudar a la gente.

194. Soy un administrador de dinero maravilloso y el amo de mi destino. Estoy completamente en control de mi riqueza y vida financiera.

195. Cada centavo que fluye en mi vida trabaja duro para mí y me ayuda a crear más y más riqueza cada día.

196. Cuanto más dinero doy, más rico, más millonario y más próspero me convierto.

197. Mis seres queridos se benefician de mi riqueza, prosperidad y abundancia. Están verdaderamente agradecidos por la abundancia y las riquezas que están dentro de mí.

198. Yo estoy eternamente agradecido por la abundancia que disfruto en mi vida ahora mismo.

199. Agradezco sinceramente todas las asociaciones positivas con el dinero, la abundancia, la riqueza y la prosperidad.

200. Respiro riqueza y abundancia. Cada vez que respiro aumenta la sensación de abundancia, prosperidad y conciencia que me rodea.

201. Tengo una mentalidad millonaria. Pienso, actúo, siento y me comporto como un verdadero millonario. Yo soy un millonario.

202. Yo dejo que la riqueza, la abundancia y la prosperidad fluyan libremente en mi vida.

Capítulo cinco: Afirmaciones para relaciones beneficiosas

203. Estoy dispuesto a ver las situaciones de diferentes maneras al estar abierto a las ideas y comentarios de otras personas que me rodean.

204. Perdono a los demás y los dejo ir, sabiendo que también estoy perdonado.

205. Traigo positividad a cada día, sabiendo bien que se multiplicará en otras personas a mi alrededor.

206. Yo veo a otras personas como la bendición del universo para mí.

207. Yo elijo ver y creer en la bondad de todos los que me rodean.

208. Yo siempre busco lo mejor en todos.

209. Siempre estoy abierto y listo para servir a los demás, porque el servicio es integral para el verdadero liderazgo.

210. Las personas son una bendición para nutrir y enriquecer mi mundo.

211. Siempre estoy rodeado de amor, y todo lo que está a mi alrededor está bien.

212. Hago que mi pareja se sienta amada y apreciada todos los días. Ambos somos el sistema de apoyo del otro.

213. Yo sé que soy maravilloso y merezco amor.

214. Cuanto más invierto en mí, mejores serán mis relaciones.

215. Siempre estoy atrayendo a personas amorosas y cariñosas a mi vida.

216. Una corriente inagotable de amor se origina en mi ser.

217. Una corriente infinita de amor, alegría y felicidad irradia desde dentro de mí.

218. Tengo amor, alegría y amistad ilimitados para ofrecer a las personas.

219. Cuanto más amor doy, más soy capaz de recibir.

220. El universo me guía e influye positivamente en todas mis relaciones.

221. Todas mis relaciones son amorosas y armoniosas.

222. Mi universo está lleno de relaciones positivas y amorosas.

223. Yo soy una manifestación del amor divino.

224. Me guía el amor incondicional del universo.

225. Mis relaciones siempre funcionan para el bien de todos.

226. La puerta al gran amor incondicional e inagotable siempre está abierta para mí.

227. El universo tiene relaciones amorosas establecidas para mí. Estoy listo para disfrutarlas.

228. Disfruto siendo la mejor versión de mí mismo para mi felicidad y la de mi pareja.

229. Yo confío en mi pareja más y más cada día.

230. Yo disfruto estar en una relación gratificante y satisfactoria.

231. La felicidad y la alegría de mi pareja sí me importan.

232. Existe una profunda confianza y entendimiento entre mi pareja y yo.

233. Cada día de mi vida está lleno de amor infinito.

234. Mi pareja se siente atraída por cada parte de mí y me encuentra sexy.

235. Siempre uso palabras amorosas, conmovedoras y amables cuando me comunico con las personas.

236. He encontrado a mi alma gemela, ya que soy una persona cariñosa y compasiva que merece el amor verdadero.

237. Me comunico con mi pareja de una manera amable, gentil y amorosa.

238. Todas mis relaciones son saludables porque están profundamente arraigadas en el amor, la alegría y la compasión.

239. El perdón, el amor y la compasión forman la base de todas mis relaciones.

240. Irradio amor y positividad, y recibo amor de los demás.

241 Mi vida está llena de amor, y encuentro amor donde quiera que voy.

242. Mi pareja se siente física, mental y espiritualmente atraída hacia mí.

245. Mis relaciones románticas son saludables, satisfactorias y duraderas.

246. Mi pareja es una persona atractiva, apasionada y encantadora. Compartimos una gran química sexual.

247. Mi pareja y yo somos divinamente compatibles como almas gemelas.

248. Yo celebro mi amor y mi vida cada día.

249. La magia, el amor y los milagros rodean a mis relaciones.

250. Yo me merezco una persona leal y fiel a mí.

Conclusión

Sinceramente espero que haya podido ayudarle a aprender más sobre el éxito, la riqueza, las relaciones y otras afirmaciones, y al mismo tiempo le haya enseñado estrategias prácticas a través de las cuales puede comenzar a utilizar las afirmaciones para transformar su vida personal.

Este libro está lleno de afirmaciones para atraer mejor salud, riqueza, amor y éxito. Estas afirmaciones son fáciles de recordar y decir, y tienen el poder de cambiar verdaderamente su vida si las usa correctamente.

Vea más libros escritos por Hourly Affirmations

www.ingramcontent.com/pod-product-compliance
Lightning Source LLC
Chambersburg PA
CBHW030136100526
44591CB00009B/680